LA SAINTE-CHAPELLE DE BOURGES.
SA FONDATION; SA DESTRUCTION.

Par M. A. DE GIRARDOT,

SECRÉTAIRE GÉNÉRAL DE LA PRÉFECTURE DU CHER, ASSOCIÉ CORRESPONDANT
DE LA SOCIÉTÉ DES ANTIQUAIRES DE FRANCE.

Extrait du XXe volume des Mémoires de la Société des Antiquaires de France.

Les chapitres des Saintes-Chapelles différaient des autres chapitres par leur origine, — par la source de leurs exemptions, — par le mode de nomination à leurs prébendes, — par la manière dont ils pouvaient être supprimés; — enfin on peut ajouter qu'ils étaient les antagonistes constants des chapitres des cathédrales.

Les chapitres des cathédrales ont été pour la plupart l'œuvre successive du temps, et les commencements de leur histoire sont purement traditionnels. Les prêtres et les diacres, groupés autour des évêques, unis étroitement entre eux par la vie commune, par des intérêts communs souvent contraires à ceux de leurs chefs, formèrent de bonne heure des espèces de corporations dont la puissance s'accrut progressivement. Le chapitre de Metz, le premier, reçut au IXe siècle la règle célèbre due à l'évêque saint

Chrodegang, et proposée comme modèle par des conciles. Peu à peu beaucoup de chapitres devinrent plus puissants que leurs évêques, qu'ils avaient acquis le droit d'élire seuls, à l'exclusion du peuple d'abord, et du reste du clergé ensuite ; quelques-uns, aidés sans doute par les circonstances, usant des avantages qu'ils avaient comme corps permanent sur la personne unique et souvent renouvelée de leur chef, se firent exempter de la juridiction épiscopale pour ne relever que de celle du pape, « ad Romanam Ec- « clesiam nullo medio pertinentes. »

Il n'en fut pas ainsi des Saintes-Chapelles. Fondées par la piété des rois ou des princes du sang, elles avaient été créées tout d'une pièce, et leurs chartriers contenaient la série complète des actes nécessaires à leur établissement. Relativement à l'exemption de la juridiction de l'ordinaire, même différence : tandis que certains chapitres de cathédrales s'étaient soustraits à la juridiction de leurs évêques, les Saintes-Chapelles ne furent créées et ne purent être affranchies de la juridiction épiscopale, alors bien déterminée, que du consentement des évêques dans le ressort desquels elles se trouvaient.

La plupart des chapitres de cathédrales remplaçaient par l'élection leurs membres décédés ou démissionnaires ; les prébendes des Saintes-Chapelles étaient d'ordinaire à la collation du prince fondateur et de ses successeurs.

Enfin les chapitres des Saintes-Chapelles, créés par l'autorité laïque, pouvaient être supprimés par elle sans le concours de l'autorité ecclésiastique.

L'histoire des Saintes-Chapelles est à peu près uniforme ; elles possédaient, comme nous l'avons dit, la collection entière de leurs titres. Nous avons sous les yeux un de ces chartriers parfaitement intact, celui de la *Sainte-Chapelle du Palais*, ou *Chapelle du Saint-Sauveur du Palais de Bourges*, fondée en 1404 par Jean Ier, duc de Berri. Il nous servira à indiquer d'une manière précise quels étaient les actes nécessaires à la fondation d'une Sainte-Chapelle, et ce qui se pratiquait lorsqu'on la supprimait.

Jean, troisième fils du roi Jean le Bon, né en 1340, duc de Berri et d'Auvergne, etc., avait le goût des grandes constructions, des fondations religieuses ; il aimait les beaux manuscrits, les riches joyaux. Il combla de ses faveurs le chapitre de l'église métropolitaine de Bourges, et contribua à l'achèvement de la façade de ce chef-d'œuvre du xiiie siècle, encore inachevé aujourd'hui. Il projetait d'y établir sa sépulture. Quels motifs lui firent abandonner ce projet ? on l'ignore. Toujours est-il qu'il y renonça pour placer son tombeau dans une Sainte-Chapelle, complément et dépendance du vaste palais qu'il s'était fait élever dans la capitale de son duché de Berri.

La Sainte-Chapelle de Paris était un modèle auquel dut naturellement se reporter le duc, comme construction et comme *fondation*.

Le plan de la Sainte-Chapelle de Bourges est le même que celui de la Sainte-Chapelle de Paris. On n'a point fait, il est vrai, à Bourges, comme à Paris, d'église au rez-de-chaussée, et il y a moins de perfection dans l'architecture de l'ensemble; mais ce sont les mêmes dispositions : une seule nef éclairée par de grandes fenêtres[1], les nervures de la voûte reposant sur des colonnettes engagées dans la muraille, et contre ces colonnettes les statues des douze apôtres.

L'une et l'autre chapelle étaient desservies par un chapitre spécial, enrichies d'*un trésor* où

---

[1] Ces fenêtres étaient ornées de vitraux au sujet desquels un auteur du XVIe siècle, Geoffroy Thory, de Bourges, s'exprime ainsi dans la préface de son livre intitulé : *L'Art et la Science de la vraye proportion des lettres attiques* (Paris, 1549):

« Le noble ouvrier des vitres de la Saincte-Chapelle de Bourges, que le duc de Berry, nommé Jehan, feit faire, fut si ingrat et glout de son savoir, qu'il ne le voulut onques enseigner à homme n'à son filz, ce dit-on. Les vitres qu'il fist sont de tel art, que le soleil, tant luysant peult-il estre, ne les peult de ses rayons aucunement pénétrer, qui est une chose très-belle et sans autre semblable. S'il eust volontiers enseigné cela, mille autres hommes eussent depuis luy faict maintes belles et bonnes opérations qui ne sont pas faites et ne seront jamais. »

l'orfévrerie et la peinture du moyen âge avaient épuisé leurs ressources.

Le 14 août 1392 le pape Clément VII accorda la bulle d'institution. Cette pièce contient le nombre des membres du nouveau chapitre ainsi répartis : douze chanoines présidés par un trésorier, treize chapelains, treize vicaires et six clercs de chœur, en tout quarante-cinq personnes.

Doter un tel personnel était coûteux : le duc évita une partie de la dépense en obtenant la suppression des chapitres de Saint-Austregésile du château et de Saint-Ursin, des abbayes de Pleinpied et de Saint-Hippolyte de Bourges, et du prieuré de Dion. Il compléta la fondation avec une partie des propriétés de son apanage. Toutefois, le fondateur revint plusieurs fois sur ses premières dispositions, apporta des modifications successives aux suppressions d'établissements religieux, et reprit une partie de ses dons, qu'il remplaça par d'autres.

Enfin, treize ans après l'obtention de la bulle de fondation, Jean fit consacrer avec grande pompe sa Sainte-Chapelle, le 18 avril 1405.

Cette imposante cérémonie, et la description du monument, ainsi que du tombeau élevé plus tard pour son fondateur, ont fourni à M. Raynal quelques-unes des pages les plus intéressantes de son *Histoire du Berri*[1].

---

[1] Tom. II, pag. 438 et suiv.

Dans ses *Notices pittoresques sur les antiquités du Berri*, M. Hazé a décrit et dessiné avec soin la Sainte-Chapelle, et particulièrement le tombeau du duc, aux détails duquel il a consacré plusieurs planches. Il a également gravé les méreaux, qui font partie des planches d'une *Histoire monétaire du Berri*, par M. Pierquin de Gembloux.

Nous n'avons pas à revenir sur ces points déjà traités; on nous permettra donc d'entrer de suite dans l'examen historique des titres de la Sainte-Chapelle.

§ 1. — *Fondation de la Sainte-Chapelle.*

La série des bulles relatives à la fondation de la Sainte-Chapelle de Bourges est nombreuse : on en compte trente-sept; nous en donnons plus loin la nomenclature. On y remarque la bulle de Clément VII pour autoriser la fondation; celle de Benoît XIII, qui délègue des commissaires chargés de vérifier si le fondateur a doté la chapelle; celles qui sont relatives à l'exercice des fonctions curiales dans l'étendue de sa circonscription, à l'indemnité due à l'archevêque pour ce qu'on enlevait à sa juridiction, aux priviléges, indulgences et honneurs attribués au trésorier et aux chanoines.

Les actes de la fondation émanés des personnages de la famille royale sont aussi fort nombreux. Un seul, le principal, donné par le duc Jean, est rapporté dans les *Instrumenta ecclesiæ Bituricensis*, à la fin du premier volume du *Gallia Christiana*. Après l'énumération de ses titres, le duc commence par une invocation pieuse, dont les sentiments font un singulier contraste avec les pratiques de toute sa vie. A la suite de ce préambule et de l'exposé de la fondation, sont reproduites intégralement : les bulles de Clément VII et de Benoît XIII, l'énumération des biens donnés par le fondateur au nouveau chapitre, la vérification des commissaires délégués par le pape, l'institution du trésorier, Arnould Belin, et des douze chanoines, et leur prise de possession.

Capricieux, prodigue et avide à la fois, le duc prit, redonna et reprit souvent les biens qui formaient la dotation de sa Sainte-Chapelle et les joyaux de son magnifique trésor; des chartes, où les promesses de stabilité sont prodiguées, font foi de ces changements.

Charles VI ne prit part à la fondation que pour amortir ceux des biens y affectés qui relevaient du domaine royal. (Charte du 10 mars 1400, confirmée par Charles VII en 1452.) On trouve, à la date du mois de juillet 1403, une charte de donation du duc de Bourgogne remplie de témoignages de tendresse pour son frère le duc de

Berri, et par laquelle il donne au nouveau chapitre la terre de Courtigis et ses dépendances, situées dans les diocèses de Bourges, d'Auxerre, de Sens et d'Orléans, moyennant quatre anniversaires pour lui et les siens. Par une autre charte, d'avril après Pâques 1406, le même prince permet aux trésorier, chanoines et chapitre de la Sainte-Chapelle d'acquérir en ses terres d'Étampes, Gien et Dourdan jusqu'à 500 livres de rente qu'il amortit.

En février 1404, Louis, duc d'Orléans, avait autorisé son oncle à amortir pareille somme dans son apanage pour le même objet.

Le duc Jean eut le soin de faire renoncer ses deux filles, et ses deux gendres le duc de Bourbon et le comte d'Armagnac, aux droits qu'ils pouvaient avoir un jour du chef de leurs femmes sur les biens donnés par lui à la Sainte-Chapelle. On trouvera plus loin au (n° 3), la charte de Bernard d'Armagnac; celle de Jean, duc de Bourbon, est pareille : elle fut donnée à Clermont-sur-Oise, le 13 juillet 1411, et ratifiée par sa femme Marie, duchesse de Bourbon, par une autre charte datée de Moulins le 27 juillet 1411.

§ 2. — *Services et charges imposés au chapitre de la Sainte-Chapelle.*

Le duc imposa au chapitre de la Sainte-Chapelle plusieurs services solennels conformes au but de son institution, pour lui, sa famille et quelques-uns de ses serviteurs les plus affidés.

Sa vie durant, pour lui, une messe solennelle du Saint-Esprit, le premier jour de chaque mois.

Le 16 décembre, une messe du Saint-Esprit sa vie durant, qui devait être changée en un anniversaire solennel après sa mort.

Devant l'autel de Notre-Dame, une messe en l'honneur de la Vierge, le samedi de chaque semaine.

Le 30 janvier de chaque année, un anniversaire pour feu madame Jeanne d'Armagnac, sa première femme.

Le 26 juin, une messe solennelle du Saint-Esprit pour madame Jeanne de Boulogne, sa seconde femme, à changer en un anniversaire après le décès de la duchesse.

La veille des Quatre-Temps, au mois de décembre, « ung obit solemnel pour les âmes de messeigneurs Jehan, dame Bonne de Bahaigne, jadis roy et reine de France, père et mère dudit seigneur fondeur. »

Le jeudi et vendredi après cet obit, un autre pour le pape Clément VII. Ces deux obits se renouvelaient aux Quatre-Temps.

Le 16 novembre, un obit pour tous les papes.

Quatre obits par an pour Philippe, duc de Bourgogne.

Deux pour Louis d'Évreux, comte d'Étampes et de Gien.

Un le 16 d'avril pour messire Evrart, chevalier, seigneur de Montespedon, en Auvergne, son chambellan.

Un le 24 janvier pour Jean d'Estampes, son conseiller.

Le chapitre avait en outre à célébrer dix fêtes annuelles, soixante-dix fêtes doubles, et à acquitter des services et des anniversaires fondés par des chanoines et autres personnages.

Le duc fit ensevelir dans le « revestiaire de la Sainte-Chapelle » Jehan Evrart et Jehan d'Estampes.

§ 3. — *Revenu.* — *Droit de justice.* — *Priviléges du chapitre de la Sainte-Chapelle.*

Dans son *Histoire du Berri*, M. L. Raynal a fait connaître quel était le revenu de la Sainte-Chapelle, qui de 3 000 livres, en 1405, s'était successivement élevé à près de 40 000 livres en 1756, par l'augmentation de la valeur de l'argent et par le produit d'acquisitions faites par le chapitre à diverses époques. Il a parlé aussi des priviléges de ce chapitre, de son exemption de la juridiction de l'archevêque, des honneurs dont jouissait le trésorier, honneurs presque épiscopaux[1].

Outre ces honneurs, et un beau revenu affecté

---

[1] *Histoire du Berri*, t. II, p. 439 et suiv.

à sa charge, le trésorier avait la pleine collation de trente et un bénéfices simples, réservés aux chapelains et vicaires de la Sainte-Chapelle par les bulles des papes; par une charte du mois d'octobre 1402, le duc Jean lui avait abandonné la collation de tous les bénéfices à sa nomination dans son duché de Berri; enfin, le trésorier avait l'entière disposition et institution de deux cures, la présentation de quinze autres, l'institution de trois prieurés et celle des canonicats de deux chapitres.

Le chapitre avait haute, moyenne et basse justice dans presque toute la terre et baronnie de Graçay, composée de vingt-sept paroisses, dans une partie de la paroisse de Preuilly-sur-Cher, et dans les paroisses de Méry-ès-Bois et Ménétréol-sur-Sauldre. Il avait de plus la directe sur un sixième de la ville de Bourges, sur la moitié de la ville de Graçay et sur une grande partie de la terre de cette seigneurie, sur plusieurs héritages aux environs de Bourges et de Gien, et sur un tiers de la ville de Gien. Cent quatre-vingts fiefs relevaient de la baronnie de Graçay.

Quelques corporations laïques ou religieuses possédaient au moyen âge le privilége d'exercer pendant un certain délai la justice au lieu et place du roi ou du seigneur justicier; il en était ainsi, entre autres, à Châteauneuf-sur-Cher, à Provins, où les religieux du prieuré de Saint-Ayoul faisaient rendre la justice dans toute la ville par leurs officiers pendant la foire, sept jours entiers[1], etc. Le chapitre de la Sainte-Chapelle jouissait d'un droit pareil, celui de la juridiction de la seizaine de mai, ou des *bonnets verts*. Pendant sept jours du mois de mai de chaque année, il faisait rendre la justice civile et criminelle, et exercer la police dans la ville de Bourges par ses officiers particuliers. Ce droit lui venait du chapitre du château. Le plus ancien titre qui en fit mention était une charte de Louis VII, dont l'original n'est pas parvenu jusqu'à nous et qui était transcrite dans le cartulaire de ce dernier chapitre. Louis VII y confirmait aux chanoines et chapitre de l'église du château les juridiction, droits et priviléges qui leur avaient été concédés *longtemps auparavant* par les rois ses prédécesseurs, faisant défense à ses juges de troubler ceux par eux préposés dans les fonctions de leurdite juridiction, pendant sept jours, commençant trois jours avant la fête de Saint-Austrégésile de mai. Cette juridiction fut confirmée par des lettres patentes des rois Philippe le Long et Charles le Bel, des 10 décembre 1318 et 5 mai 1320; par Charles VII en 1421; par des arrêts du parlement des 27 août 1524, 3 mai et 25 août 1553; par plusieurs transactions avec la ville de Bourges, dont une

---

[1] *Histoire de Provins*, par F. Bourquelot, t. I, p. 117 à 120.

du 20 juin 1645; enfin elle fut toujours reconnue par le présidial. En 1566, on avait projeté de la réunir à la juridiction ordinaire, et on fit une enquête à ce sujet; mais le projet n'eut pas de suite, et elle ne fut supprimée que lors de la destruction de la Sainte-Chapelle.

Le jour où cette juridiction commençait, le chapitre de la Sainte-Chapelle prenait solennellement possession de la ville de Bourges; tout le chapitre était à cheval, en habit d'église, et faisait le tour de la ville avec ses officiers; le lieutenant général du bailliage, le procureur et les avocats du roi y assistaient et recevaient une ration d'avoine pour leurs chevaux. Le cortége était précédé d'une musique, qu'on s'abstint de faire jouer en 1525, à cause du deuil de la France pendant la captivité de François Ier. On lit dans le compte des dépenses de 1420 : « A Jehan Bodine et Serdeux, compaignons ménestriers, pour leur salaire d'avoir joué et accompagné messieurs pour avoir la possession de la ville de Bourges, comme il est accoutumé, pour ce à eulx payé, tant pour leurs chevaux que pour tout, XL sols. »

« Celuy jour, pour LVIII chapeaulx[1] livrés à messieurs, et distribués aux chapelains, vicaires et enfants de chœur et autres officiers, pensionnaires et autres, qui viennent à la chevauchée

[1] Chapels de fleurs.

parmy la ville en mai, quand l'on prent possession de la ville de Bourges, XLVIII sols. »

« Celuy jour, pour vin dépensé tant à Saint-Ambroix comme à Saint-Privé, et, après la chevauchée, pour les gens du conseil, x sols. »

Comme les chanoines portaient à cette cérémonie leurs bonnets vairez, on appela leur juridiction extraordinaire *la justice des bonnets vairs*, et, par corruption, *des bonnets verts*.

Le fondateur de la Sainte-Chapelle, et après lui les rois de France ou les princes apanagistes ses successeurs, nommaient à la charge de trésorier et aux prébendes canoniales. Quant aux chapelains, vicaires, chanoines du château, etc., ils étaient à la nomination du trésorier.

Plusieurs trésoriers furent des personnages marquants : Arnould Belin, le premier, un des favoris du duc Jean; Jacques Juvénal des Ursins, archevêque de Reims en même temps que trésorier; Louis d'Amboise, évêque d'Albi; Henri Cœur, fils de Jacques Cœur, depuis archevêque de Bourges; François de Bueil, des comtes de Sancerre, depuis archevêque de Bourges; Germain Vialart, frère de l'archevêque; Jean de Baugy, Antoine Fradet de Marmagne, Michel Colbert de Saint-Pouenge, etc.

§ 4. — *Suppression de la Sainte-Chapelle.*

Au milieu du XVIe siècle, la Sainte-Chapelle avait déjà subi des dégradations considérables;

la charpente du clocher, recouverte de plomb, s'était pourrie ; la foudre avait brisé deux piliers. Maîtres Jacques Beaufilz, Jehan d'Amboyse et Jehan Levez, *massons;* Étienne Chaboureau et Blaise Du Duylien, maîtres charpentiers; Estienne Saulceron, maître couvreur, établirent un projet de réparation, qui fut exécuté au moyen d'un secours accordé par le roi, par lettres données à Paris le 25 novembre 1549. Près de 10 000 livres furent employées à refaire les terrasses, gargouilles, etc., et à reconstruire le grand escalier de vingt-quatre marches, par lequel on arrivait au porche.

En 1562, les protestants, maîtres de Bourges, pillèrent et dévastèrent la Sainte-Chapelle.

Le 31 juillet 1693, un incendie détruisit la couverture, la charpente et le clocher, ainsi que la grande salle du palais. Le clocher ne fut jamais refait. On rétablit à grands frais la toiture ; mais elle resta moins élevée que l'ancienne, et le pignon, qui la dépassait d'une assez grande hauteur, ayant été renversé par un violent ouragan, le 18 février 1756, à sept heures du soir, sa chute brisa la nouvelle couverture, quatre croisées, une statue d'apôtre, deux autels et le côté gauche des stalles.

Cet événement fut aussitôt exploité par la mauvaise volonté d'un prélat tout-puissant, peu scrupuleux en fait de suppression d'établissements religieux, et qui rêvait depuis longtemps la destruction de la Sainte-Chapelle. Le cardinal de La Rochefoucauld, alors archevêque de Bourges, avait pris en aversion l'église fondée par le duc Jean. La haute dignité du trésorier, l'indépendance du chapitre de la Sainte-Chapelle, exempt de sa juridiction, lui avaient toujours fait ombrage. Il ne pouvait oublier qu'entrant un jour dans le chœur de cette église pendant l'office, il avait vu les chanoines cesser leurs chants sur l'ordre du trésorier, et ne les reprendre qu'après son départ. L'accident du 18 février fut pour lui une occasion de satisfaire ses rancunes.

Le 20 février, les chanoines allèrent au-devant de leur perte, en écrivant au cardinal : « Nous nous jetons entre les bras de son éminence, qui peut ordonner de nous ce qu'elle jugera à propos; nous attendons ses ordres. » M. de La Rochefoucauld leur commanda d'accepter l'offre du chapitre de Saint-Étienne de faire l'office en commun dans la cathédrale, et, dans le règlement établi à ce sujet par les délégués des deux chapitres, le trésorier dut d'abord renoncer aux marques de sa dignité.

L'intendant de la généralité de Berri, M. Dodart, prêta un concours complaisant aux projets de l'archevêque. Il se hâta de proposer au contrôleur général la suppression du chapitre; « la réunion de ses revenus à ceux de la cathédrale permettrait, disait-il, de réunir à la crosse archiépiscopale tout le revenu de l'abbaye de Saint-Satur, récemment réuni par moitié à l'archevêché et à l'église cathédrale.... » Et l'archevêque écrivait à M. Dodart : « L'idée de la suppression m'était venue comme d'une chose possible et bonne à beaucoup d'égards... Si la restauration à faire est considérable à un certain point, c'est une raison de plus; ainsi *je vous serai obligé de veiller à ce qu'on ne la fasse pas envisager comme moindre qu'elle n'est.* » Cette recommandation fut comprise : 10,000 livres auraient suffi pour réparer le monument; le chapitre avait un revenu de près de 40,000 livres et des réserves en futaies; mais le conseil du roi fut trompé, par l'effet d'une coupable connivence. On comprit dans le devis de restauration celle du palais royal, brûlé en 1693, et la dépense fut évaluée à 200,000 livres. Ce chiffre, présenté au conseil sans explication, décida du sort de la Sainte-Chapelle; un arrêt du 11 août ordonna qu'il serait procédé à son extinction, et commit l'intendant à l'effet d'entendre les parties, de faire l'enquête *de commodo et incommodo,* et de dresser procès-verbal de l'état des choses.

La correspondance de l'intendant contient de piquants détails sur les moyens employés par lui et conseillés par le cardinal pour *émouvoir le roi,* pour supprimer l'enquête ou empêcher qu'elle ne fût produite au parlement, de manière à éviter que l'intendant ne fût compromis. Le cardinal vint à Bourges et y déploya un luxe

inutile de moyens d'intimidation ; il trouva les chanoines préoccupés d'une seule chose, de bien assurer leur sort. Ils parurent à l'enquête prêtant les mains à tout ce qu'on leur demandait; on entendit avec eux des témoins choisis par l'intendant.

Le chapitre de la cathédrale intervint pour accepter les dépouilles dont on voulait l'enrichir. L'intendant fit transcrire un procès-verbal de la visite des lieux préparé à l'avance, et y joignit un état des revenus et des charges des deux églises.

Le 16 février, le cardinal donna son consentement, sous la réserve d'un service solennel pour le roi à célébrer par la métropole; et le 27 il écrivait à l'intendant : « J'ai fait diligence, et suis parvenu à éviter la contre-enquête.... Les lettres patentes sont faites, et le roi, n'ayant pas de chancelier, les a scellées lui-même et a écrit *de sa main blanche* ce que le chancelier met ordinairement de la sienne. »

Les lettres patentes d'extinction sont du mois de février 1757; elles attribuent à la cathédrale tous les biens meubles et immeubles, fruits et profits, droits utiles et honorifiques, vases sacrés, argenterie, linge, ornements et objets mobiliers de la Sainte-Chapelle; le roi ne se réserva que le portrait de Charles VII, destiné au cabinet des tableaux du Louvre. Il était également stipulé que le roi disposerait de quatorze des canonicats de la cathédrale, jusqu'alors donnés tous à l'élection. Ainsi, comme le remarquait l'intendant, « les temps, ou plutôt l'instruction, avaient opéré un grand changement dans le droit ecclésiastique.... La Sainte-Chapelle a été fondée, en 1405, par la seule autorité du pape et sans le concours du roi ; et, en 1756, elle sera légitimement éteinte et réunie à une autre église, par la seule autorité du roi et sans le concours de l'autorité du pape. » (Avis du 15 décembre 1756.)

D'un seul coup, l'archevêque voyait augmenter son revenu, le chapitre de la cathédrale gagnait près de 30,000 livres de rente, et pour sa part l'intendant allait employer à l'embellissement de son hôtel les matériaux de la Sainte-Chapelle, à la ruine de laquelle il avait si complaisamment contribué. Un arrêt du conseil, du 10 mai 1757, le délégua pour assister à l'enlèvement des objets mobiliers et à la vente des matériaux, ou à leur emploi soit pour l'augmentation du logis du roi (l'intendance), soit pour l'ornement de la ville. Ici commence pour M. Dodart, une série de tribulations qui durèrent plus de dix ans, et le poursuivirent après la fin de son administration. Le 7 décembre 1757, il écrivait au contrôleur général que, pour aller plus vite dans la démolition, il faisait saper les piliers par la base ; « mais, ajoutait-il, ce bâtiment a été si bien construit, que le premier pilier attaqué, coupé au pied à plus des trois quarts de son épaisseur, ne tombant pas, par la résistance qu'il trouvait dans la corniche, on a été obligé de couper le cintre du haut. » Éclatant démenti donné aux mensonges officiels qui avaient présenté ce monument comme tombant en ruine. Les matériaux non employés n'étaient pas encore vendus au bout de dix ans. L'intendant ne put parvenir à terminer les appartements qu'il se préparait; les difficultés surgirent de toutes parts; et enfin la cour des comptes, par ses justes exigences, vint ajouter aux tourments de M. Dodart. Ses comptes furent rejetés, et lorsqu'il prit sa retraite, les ennuis de cette affaire le poursuivirent encore. Ce ne fut qu'en 1767, dix ans après la suppression du chapitre, qu'il put y échapper. M. de Courteilh écrivait au nouvel intendant, M. Dupré de Saint-Maur : « Il faudra que vous vous concertiez avec M. Dodart, qui est seul en état de fournir au receveur général les pièces auxquelles la chambre veut bien se restreindre pour mettre fin à cette affaire. Nous ne l'avons envisagée, M. Dodart et moi, que dans l'esprit de confiance qui lui était si légitimement due; mais la chambre des comptes a des principes austères dont M. de Nicolaï prétend qu'elle ne peut ni ne doit s'écarter. »

En somme, il résulte des comptes définitifs de toute cette affaire, que l'on aurait eu à dépenser, en 1757, 10,000 livres, pour réparer la Sainte-Chapelle, et que, quinze ans après, le monument détruit, ses matériaux vendus, tant d'ojets d'art dispersés, on avait encore dépensé 8,228 livres ponr faire cette ruine.

PIÈCES JUSTIFICATIVES.

I.

Bulles pontificales relatives à la fondation de la Sainte-Chapelle.

1° 14 août 1392. — Bulle de Clément VII pour autoriser cette fondation.

2° Même jour. — Bulle de Clément VII, qui réunit à la Sainte-Chapelle l'église collégiale de Saint-Austrégésile du Château.

3° Même jour. — Bulle de Clément VII, qui réunit à la Sainte-Chapelle le chapitre de Saint-Ursin de Bourges.

4° 13 février 1394. — Bulle de Clément VII, qui annule la précédente.

5° Même jour. — Bulle de Clément VII, qui réunit à la Sainte-Chapelle le monastère de Pleinpied, celui de Saint-Hippolyte de Bourges, et le prieuré de Dion

6° Même jour. — Bulle de Clément VII, qui accorde à l'archevêque de Bourges le pouvoir de transférer les religieux de Pleinpied et les religieuses de Saint-Hippolyte en d'autres monastères.

7° 5 juin 1404. — Bulle de Benoît XIII, donné à Marseille, dans l'abbaye de Saint-Victor. Le pontife entend que la Sainte-Chapelle soit dès lors considérée comme fondée, et commet l'archevêque d'Auch, l'évêque de Poitiers et l'archidiacre de Paris pour juger si la dotation est suffisante.

8°, 9°, 10° — Par trois bulles de la même date, le pape ratifie les réunions ordonnées par Clément VII, moins celle de Saint-Ursin, et crée un vicaire perpétuel dans l'église de Saint-Hippolyte, pour remplir les fonctions curiales dans la circonscription de la Sainte-Chapelle.

11° 13 août 1404. — Benoît XIII veut que ce vicaire gouverne les âmes de toutes les personnes attachées au palais du duc et à la Sainte-Chapelle, sans demander permission à l'archevêque.

12° 5 juin 1404. — Bulle où sont nommés des commissaires chargés de régler le dédommagement qui sera donné à l'archevêque de Bourges pour ce qu'on enlève à sa juridiction.

De 13° à 20° — Par huit bulles du même jour, le pape règle les rapports de la Sainte-Chapelle avec le prieuré de la Charité et avec les divers établissements supprimés, lui accorde les mêmes priviléges qu'à celle de Paris et des indulgences à diverses fêtes, et autorise le duc à rétablir un collége de treize personnes dans l'église du château, nonobstant son union avec la Sainte-Chapelle.

De 21° à 24° — Quatre bulles du mois d'août, qui réunissent les chapellenies du nouveau chapitre du château à ses canonicats, et règlent ce qui est relatif à la collation de ces bénéfices par le trésorier de la Sainte-Chapelle, sans qu'ils puissent être impétrés en cour de Rome.

25° — Bulle du 21 août 1404, qui autorise le trésorier de la Sainte-Chapelle à officier avec la mitre, l'anneau et les autres ornements pontificaux, à l'exception de la crosse.

26° — Bulle du 3 mars 1407, par laquelle Benoît XIII, réunit à la Sainte-Chapelle la cure de Saint-Pierre-le-Guillard (à Bourges).

27° Même année, 6 juillet. — Bulle qui accorde au trésorier le pouvoir de *réconcilier* l'église de la Sainte-Chapelle, par lui ou par un prêtre qu'il pourra désigner à cet effet.

28° Même jour. — Bulle qui exempte les *personnes* attachées à la Sainte-Chapelle de payer aucun droit à l'archevêque pour leur ordination.

29° Même jour. — Bulle qui accorde au trésorier le droit d'officier avec le bourdon.

30° à 34° 25 décembre 1410. — Bulles de Jean XXIII, au nombre de quatre, qui autorisent les chanoines à dire la messe dans leurs maisons, le trésorier à absoudre les chanoines, et à avoir un pénitencier. Une de ces bulles punit de la perte de leurs bénéfices les chapelains qui s'absenteraient plus de dix jours sans la permission du trésorier.

35° — Une autre bulle, de la même date, fait défense à toute personne, fût-elle empereur, roi, duc, cardinal, patriarche, archevêque ou évêque, excepté le duc Jean lui-même, de déplacer et faire sortir de la Sainte-Chapelle les reliques, reliquaires, livres, joyaux, ornements qui lui ont été donnés.

36° 1439. — Bulle d'indulgences du pape Eugène IV, accordées, à la demande du roi, à ceux qui donneront des biens à la Sainte-Chapelle.

37° 1441. — Bulle du même pape analogue à la précédente.

(Toutes ces bulles existent en original aux archives du département du Cher, fonds de la Sainte-Chapelle.)

II.

Charte de donation de Philippe, duc de Bourgogne (1403).

Philippus, quondam regis Francorum filius, dux Burgundie, comes Flandrie, Arthesii et Burgundie palatinus, dominus de Salinis et de Mechlinia, universis presentes litteras inspecturis salutem in Domino sempiternam. Inter cunctas sollicitudines mentis nostre, eam summo opere duximus preferendam qua creatoris nostri religio et ecclesiastici status prosperitas digna per nos suscipere valeant incrementa, ut et a quo bona cuncta procedunt de suismet largicionibus devotum possimus reppendere famulatum. Cum itaque, sicut accepimus, et illustris princeps carissimus et

amantissimus frater noster dominus Johannes, dux Bituricensis, in palacio suo Bituris nuper edifficaverat solempnem quandam et devotam cappellam......................
...... Notum fieri volumus..... quod nos, sanctum et salubre ipsius carissimi fratris nostri propositum collaudantes; attendentes verum et sincerum ad nos et progeniem nostram ipsius fraterne dilectionis amorem; reducentes ad memoriam curialitates, obsequia, benevolentiam et amores quibus nos idem frater noster amantissimus ab olim assiduo opere studuit pertractare; gestantesque pre occulis ipsius fratris nostri in nos et nostros ipsorum comitatus et dominii de Giemo munificam liberalitatem, donacionem et transportum; abhorrentes etiam ingratitudines vicio reprehendi; nolentes ipsius fratris nostri devoto et salubri proposito contraire; quin ymo augmentum cultus divini et ipsius fratris nostri quoad hec devotum propositum confovere desiderantes, etiam omnibus oracionibus, precibus et devocionibus in cappella predicta factis et fiendis fieri participes.

[Le duc déclare donner, céder, transporter, quitter, délaisser et amortir, en pure et perpétuelle aumône, tout ce qui forme les dépendances de la terre de Courtigis, dans les diocèses de Bourges, Sens, Auxerre et Orléans, dans le comté de Gien, aux trésorier et chapitre de la Sainte-Chapelle de Bourges, pour en jouir à perpétuité, à la charge de dire pour lui-même, la duchesse sa femme, leurs enfants et successeurs, quatre anniversaires solennels.]

Datum in hospicio nostro Conflancii prope Parisiis, mense Julii, anno Domini millesimo quadringentesimo tercio.

(Charte originale, aux archives du Cher, fonds de la Sainte-Chapelle.)

IV.

Formule de nomination d'un trésorier de la Sainte-Chapelle.

(Pour Henri COEUR, fils de Jacques COEUR, depuis archevêque de Bourges.) 1446.

Karolus, Dei gracia Francorum rex, dilectis nostris thesaurario et capitulo sacre capelle sancti Salvatoris palatii nostri Bituricensis salutem et dilectionem. Notum vobis facimus quod nos canonicatum et prebendam, quos in dicta sacra capella nuper obtinere solebat dilectus noster magister Johannes Cordis, nunc, per resignationem de eisdem, per Guillelmum de Varye, dicti magistri Johannis Cordis procuratorem, ad hoc legitime constitutum, in manibus nostris pure, simpliciter et libere factam, ut per nos admissam, liberos et vacantes et ad collocacionem nostram pleno jure spectantes; dilecto nostro Henrico Cordis, clerico, fratrique ipsius Johannis, pietatis intuitu, dedimus et contulimus, damusque et conferimus per presentes, quo circa earum serie vobis mandamus quoties prefatum Henricum Cordis, aut ejus procuratorem pro eo, in possessionem realem et corporalem dictorum canonicatus et prebende ponatis et inducatis seu poni et induci faciatis, statum sibi in choro et locum in capitulo, cum plenitudine juris canonici, ut moris est, assignari, adhibitis solemnitatibus assuetis, sibique seu predicto suo procuratori de fructibus, redditibus, obvencionibus et emolumentis universis, ad dictos canonicatum et prebendam quomodo libet spectantibus, respondeatis seu ab hiis quorum interest integre responderi faciatis. Datum apud Bazilliacum prope Taynonem, vicesima die mensis Julii, anno Domini M° quadringentesimo quadragesimo sexto. — Per regem, domino de Gaucourt et aliis presentibus — Chaligant.

(Registre des actes capitulaires de la Sainte-Chapelle, aux archives du Cher; fonds de la Sainte-Chapelle.)

V.

Lettre de la duchesse Marguerite au chapitre de la Sainte-Chapelle, au sujet de l'admission d'un chanoine.

De par madame duchesse de Berry.

Chers et bien amez, nous avons entendu par vos lettres du xe jour de ce moys la difficulté que vous faictes de recevoir et installer Me Laurent Dumaine, l'un de nos chappelains, en la prébende de votre église, dont nous l'avons pourveu par le trespas de feu Me Berthelot; que est, que nul de votre collège ne doibt estre au cueur de votre esglise portant longue barbe durant le service divin, et que cela est contre vos statutz que vous avez juré garder, et lesquels, de notre part, comme patronne et protectrice de votre dite église, nous voulons observer et vous y maintenir à nostre pouvoir. Toutefoys, pour que cest article de porter longue barbe, pour le petit nombre de ceulx qui prétendent cette prérogative, ne vous importe beaucoup et n'est des principaulx et plus nécessaires points de vosdits statuts, aussy que vous savez que les chappelains et aultres gens ecclésiastiques employés en l'estat de la maison du roy nostre très honoré seigneur et frère ont coustume d'estre exempts de telles contraintes, et, pour le respect du service qu'ils font à ceste suicte, leur est permis porter longue barbe aulx aultres compaignyes telles que la vostre ; nous, à ces causes, et actendu que ceulx de nostre maison joissent de tels et semblables privilèges......

(Manque le dispositif.) — Dumaine fut admis.

(Registre des actes capitulaires de la Sainte-Chapelle, aux archives du Cher ; fonds de la Sainte-Chapelle.)

VI.

Le trésorier avait la pleine collation de trente et un bénéfices simples, affectés aux chapelains et vicaires de la Sainte-Chapelle par les bulles des papes[1], savoir :

N.-D. la Blanche, en l'église de Saint-Pierre le Guillard, à Bourges ;
Saint-Vincent, de la Salle-le-Roy ;
Saint-Pierre et Saint-Paul, à Aubigny ;
La Magdeleine, à Aubigny ;
Saint-Jean-Baptiste, à Saint-Pierre-le-Guillard ;
Saint-Jean du Berle, au château de Graçay ;
La Roche, à Notre-Dame de Graçay ;
Sainte-Marie-Magdeleine, au château de Chambon ;
Saint-Denis, alias les Grands oyseaux, dans l'église de Dun-le-Roy ;
Les Petits-Oiseaux, dans la même église ;
La Loquine, ibidem ;
Saint-Igny, à Dun-le-Roi ;
Saint-Adelin, au château de Vierzon ;
Sainte-Croix, dans l'église de Dun-le-Roi ;
La vicairie du chœur de Saint-Étienne de Dun-le-Roi ;
Saint-Hippolyte, dans ladite église ;
Saint-Martin, ibidem ;
Vicairie des accordailles, dans le chœur de Dun-le-Roi ;
Celle de Taupin, alias Contreveaux, idem ;
Celle de Prelong ;
Saint-Nicolas, dans l'église de Saint-Pierre-le-Guillard ;
La Trinité, dans la même église ;
La Magdeleine, ibidem ;

---

[1] On a vu plus haut que, par une charte du mois d'octobre 1402, le duc Jean avait abandonné au trésorier la collation de tous les bénéfices à sa nomination dans son duché de Berry.

Sainte-Anne, dans l'église de Notre-Dame de Graçay;
La vicairie de Notre-Dame de Buchailles;
Saint-Paul, à Dun-le-Roi;
Saint-Eutrope, dans l'église de Saint-Pierre-le-Guillard;
Saint-Jean l'Évangéliste, ibidem;
Saint-Jacques et Saint-Philippe, ibidem;
Saint-Denis, faubourg de Dun-le-Roi;
La vicairie de Sainte-Catherine, à la tour de Bourges, transférée aux prisons après la destruction de la tour.

Le trésorier avait la pleine disposition et institution des cures du château et de Saint-Jean le Vieil, à Bourges; la collation des prieuré et canonicats du château, des prieuré et canonicats de Dun-le-Roi, du prieuré de Saint-Austrégésile de Graçay.

La présentation des cures suivantes:
Saint-Pierre-le-Guillard et Saint-Aoustrillet, à Bourges;
Preuilly, Lapan, Dion, Baugy, Ennordre, Avor, Saint-Ambroix-sous-Arnon, Saint-Just, Montlouis, Saint-Étienne de Dun-le-Roi, Moulins, la Faye, Sainte-Radegonde, toutes dans le diocèse de Bourges;
Saint-Pierre du Lourdoir, dans le diocèse de Limoges.

VII.

Compte du sieur Hamonet, commis à la recette et à la dépense du prix provenant des matériaux de la Sainte-Chapelle de Bourges.

	livres	sous	den.
Pour 16,936 pieds cubes de pierre dure..........................	8,405	7	5
Pour 5,749 pieds 6 pouces de pierre de Charly......................	3,494	2	10
Pour 2,803 pieds 11 pouces de pierre tendre........................	392	17	5
A reporter.............	12,292	7	8

DE BOURGES.

Report............	12,292	7	8
Pour 194 toises de moellon brut....	1,851	5	7
Pour 5 toises 1/4 de moellon parmenté......................	105	»	»
Pour 8,542 pieds 4 pouces cubes de pierre......................	2,454	14	2
Pour 11,750 tuiles	176	5	»
Pour 2 milliers d'ardoises.........	131	»	»
Pour 12,400 liv. 1/2 de fer	1,557	4	11
Pour une poutre................	20	»	»
Pour 2 portes.................	15	»	»
Pour plomb..................	9,085	7	6
	27,688	4	10

DÉPENSE.

Frais de démolition de la Sainte-Chapelle......................	6,960	4	4
Frais de régie de cette démolition ..	3,139	»	»
	10,099	4	4
Frais de construction au logis de l'intendant....................	25,817	11	6

Excédant de la dépense : 8,228 livres 11 sous, tout compris.

DE L'IMPRIMERIE DE CRAPELET, RUE DE VAUGIRARD, 9.

www.ingramcontent.com/pod-product-compliance
Lightning Source LLC
Chambersburg PA
CBHW060628050426
42451CB00012B/2478